MÉLANGES MILITAIRES
XV, XVI ET XVII

LES

PLACES FORTES

DU

N.-E. DE LA FRANCE

ET

ESSAI DE DÉFENSE

DE LA

NOUVELLE FRONTIÈRE

PARIS
CH. TANERA, ÉDITEUR
LIBRAIRIE POUR L'ART MILITAIRE ET LES SCIENCES
Rue de Savoie, 6

1873

LES

PLACES FORTES

DU

N.-E. DE LA FRANCE

PUBLICATIONS

DE LA RÉUNION DES OFFICIERS

I. — L'armée anglaise en 1871, au point de vue de l'offensive et de la défensive.
Brochure in-12. 25 c.

II. — Organisation de l'armée suédoise. — Projet de réforme.
Brochure in-12. 25 c.

III-IV. — Mode d'attaque de l'infanterie prussienne dans la campagne de 1870-1871, par le duc Guillaume de Wurtemberg, traduit de l'allemand par M. Conchard-Vermeil, lieutenant au 13e régiment provisoire d'infanterie.
Brochure in-12. 50 c.

V. — De la Dynamite et de ses applications pendant le siége de Paris.
Brochure in-12. 25 c.

VI. — Quelques idées sur le recrutement, par G. B.
Brochure in-12. 25 c.

VII. — Étude sur les Reconnaissances, par le commandant Pierron.
Brochure in-12 . . . . 25 c.

VIII-IX-X. — Étude théorique sur l'organisation d'un corps d'éclaireurs a cheval, par H. de la F.
Brochure in-12. 75 c.

XI-XII-XIII. — Étude sur la défense de l'Allemagne occidentale, et en particulier de l'Alsace-Lorraine. Traduit de l'allemand.
Brochure in-12. 75 c.

XIV. — L'armée danoise — Organisation. — Recrutement. — Instruction. — Effectif.
Brochure in-12. 25 c.

LES

PLACES FORTES

DU

N.-E. DE LA FRANCE

ET

ESSAI DE DÉFENSE

DE LA

NOUVELLE FRONTIÈRE

PARIS

CH. TANERA, ÉDITEUR

LIBRAIRIE POUR L'ART MILITAIRE ET LES SCIENCES

Rue de Savoie, 6

1873

LES

PLACES FORTES

DU

N.-E. DE LA FRANCE [1]

I

INTRODUCTION.

Après l'organisation d'une armée nationale, la question la plus importante aujourd'hui pour notre pays est celle de la défense du territoire par les places fortes. C'est aussi la question la plus difficile et sur laquelle les opinions sont le plus partagées, soit dans le public en général, parce qu'il ne peut la résoudre et néglige presque toujours les intérêts de l'Etat, pour ne considérer que les inconvénients, les servitudes des places fortes pendant le temps de paix; soit même chez les militaires et les gens compétents, parce qu'ils prennent souvent comme point de départ un principe erroné et ne veulent pas mettre à profit les leçons du passé.

Les uns ne voudraient conserver que de grandes places avec camps retranchés; les autres, de simples points fortifiés en dehors des centres de population; d'autres enfin, et ce sont les plus nombreux, considèrent les villes fortifiées comme

(1) Le *Bulletin* laisse à l'auteur de ce Mémoire l'entière responsabilité de ses opinions.

inutiles et dangereuses et attribuent la grandeur de notre défaite aux désastres qu'ont pu amener nos grandes places fortes.

Nous voulons, par les considérations qui vont suivre, chercher à faire converger ces diverses opinions et éclaircir, autant qu'il sera en notre pouvoir, cette question si importante, au point de vue civil comme au point de vue militaire. Une étude rapide et impartiale du rôle qu'ont joué pendant la guerre de 1870-71, nos différentes places fortes, et aussi du rôle qu'elles auraient pu jouer si les circonstances avaient été légèrement modifiées, nous permettra de tirer une conclusion d'autant plus exacte, qu'elle sera basée directement sur des faits d'une campagne récente et si riche en enseignements de toute nature.

II

RÔLE DES PLACES FORTES DE LA FRANCE PENDANT LA GUERRE DE 1870-71.

La manière de faire la guerre ayant changé, le système de défense devait aussi subir des modifications qui le mettaient en harmonie avec le système d'attaque. Déjà depuis plusieurs années, on avait décidé la suppression d'un certain nombre de nos petites places fortes et le déclassement de quelques autres; en même temps on ordonnait l'étude de camps retranchés autour de points stratégiques importants : Metz, Strasbourg, Belfort, Langres, etc. La partie du budget de la guerre affectée aux fortifications étant très-limitée, quelques-uns de ces projets seulement furent mis à exécution, les autres ajournés ; en sorte qu'après les batailles de Wörth et de Spicheren, nous n'avions à opposer à la marche des armées envahissantes qu'une série de places de différentes grandeurs sans forts détachés, disséminées entre Paris et la frontière et quelques camps retranchés inachevés et non armés. Ce sont toutes ces places défensives que l'ennemi a attaquées successivement; les unes, parce qu'elles lui barraient un chemin de fer nécessaire au transport de son matériel et de ses approvisionnements; les autres, parce qu'elles menaçaient ses communications en arrière, ou constituaient à elles seules des objectifs suffisamment importants.

Des villes fortifiées ne possédant qu'une enceinte sans forts détachés, une seule, Strasbourg, a résisté quelque temps; toutes les autres : Marsal, Toul, Soissons, La Fère, Mézières, etc., toutes sans exception se sont rendues après quelques jours ou même quelques heures de bombardement; et, quoi qu'on dise, aucune ne pouvait tenir bien longtemps.

Depuis le moment où Napoléon Ier décrétait, sur la proposition de Carnot, que la peine de mort serait prononcée contre tout commandant qui capitulerait avant d'avoir supporté au moins un assaut fait par une brèche praticable au corps de place, les circonstances des siéges ont bien changé. Avec la puissance des pièces de gros calibre qui peuvent totalement réduire une ville en cendres dans peu de jours, il semble impossible d'admettre qu'un commandant de place, quelque énergique qu'il soit, puisse résister longtemps, quand toute la population, les blessés, les malades sont sans abris; car la convention de Genève ne couvre rien; nos ennemis nous l'ont suffisamment prouvé, et nous croyons qu'il faut conclure, des exemples que nous avons vus se dérouler sous nos yeux, à l'impossibilité absolue, pour une place forte entourant une population industrielle, et n'ayant pas autour d'elle une ceinture de forts reculant assez loin les batteries d'investissement, de tenir devant un bombardement prolongé des pièces de siége de l'artillerie actuelle.

Sachant quelle était la puissance des nouveaux canons, sachant combien le parti militaire prussien préconisait le système d'attaque par le bombardement, la succession rapide des capitulations de toutes nos petites places était possible à prévoir.

On a donc eu grand tort de ne pas transformer franchement, complétement, notre réseau défensif et de conserver ces villes fortifiées, comme Marsal, Soissons, la Fère, etc., dont l'existence n'a servi qu'à causer des sacrifices d'argent et de sang presque inutiles, et à livrer à l'ennemi des garnisons, il est vrai peu nombreuses, mais qui toutefois eussent pu rendre de si grands services en d'autres points du territoire. En matière militaire, l'hésitation est toujours dangereuse; les demi-mesures toujours funestes; mieux eût fallu pour nous avoir agi comme la Belgique, avoir su renoncer d'un seul coup à toutes ces places qui n'ont été qu'un fardeau plus nuisible qu'utile à la défense du pays.

L'exemple de la défense de Strasbourg n'infirme en rien ce que nous avons dit sur l'efficacité du bombardement des villes fortifiées sans forts détachés; il prouve seulement que ce mode d'attaque est moins efficace quand la place est très-étendue. Les Allemands n'ont entrepris devant Strasbourg un siége régulier que parce qu'ils ont cru pouvoir arriver ainsi plus rapidement à leur but; mais il n'est point douteux que le bombardement seul prolongé suffisamment longtemps n'ait également obligé cette place à capituler, malgré toute l'énergie de son commandant.

Si l'attaque par le bombardement est irrésistible pour une ville fortifiée sans forts détachés, il n'en est plus de même pour une place purement militaire. La résistance de Bitche, celle des forts de Paris et de Belfort nous montrent que de semblables forteresses devront résister au bombardement : parce que là se trouve seulement une population militaire et déterminée, et que toujours, même sous le feu le plus violent, des abris convenablement établis pourront être conservés, au moins en grande partie, pour les hommes et les provisions.

Etudions maintenant le rôle qu'ont joué nos grandes places fortes avec camps retranchés, et voyons si, comme on s'empresse déjà de le dire, de semblables places sont inutiles pour la défense du pays.

Devant Metz, le bombardement était impossible à cause du grand éloignement des forts, et un siége régulier devait présenter d'énormes difficultés, en présence d'une armée défensive aussi nombreuse. L'ennemi, qui ne voulait pas s'exposer à un échec et croyait d'ailleurs la ville moins approvisionnée qu'elle ne l'était réellement, se décida à l'investir et à l'affamer. Le 29 octobre, Metz capitulait, et l'armée investie devait déposer les armes, après avoir supporté les plus dures privations avec un remarquable courage.

La place de Metz n'a donc servi, disent les adversaires des camps retranchés, qu'à amener la capitulation de plus de 150,000 hommes devant une armée peu supérieure en nombre; et si le maréchal Bazaine n'avait pas eu, après la défaite du 2e corps à Spicheren, ce camp retranché à sa proximité, il eût sans doute reculé sur la ligne de la Meuse; il eût pu opérer sa jonction avec les autres corps d'armée du Rhin, attendre les masses ennemies dans une position avantageuse et peut-être leur infliger un échec. Tout au moins ne serait-il pas resté enfermé presque inactif dans un camp retranché, d'où il ne devait sortir que pour capituler.

A ceux-là nous répondrons que les fautes commises avec des camps retranchés ne sont pas toujours imputables à ces camps retranchés eux-mêmes, et qu'un camp retranché n'est qu'une arme entre les mains d'un stratégiste ou d'un tacticien. L'arme peut être défectueuse comme c'était le cas à Paris; mais souvent aussi elle ne donne de fâcheux résultats que parce qu'elle a été employée inhabilement.

Nous ne voulons pas discuter ici les opérations exécutées autour de Metz; voir en particulier si le maréchal Bazaine a eu tort d'accepter la bataille du 14, dont tous les événements ultérieurs ont été la conséquence; et si la sortie du 31 août, opérée sur l'armée d'investissement de la rive droite, au moment où deux corps d'armée venaient d'en être distraits pour aller renforcer l'armée de la Meuse, a été conduite assez énergiquement; nous constaterons seulement que, malgré le désastre final, l'armée de Metz, abritée derrière ses forts, a retenu autour d'elle les 1re et 2e armées allemandes tout entières, c'est-à-dire environ 200,000 hommes, pendant deux mois et demi, et par cela seul a permis à la France de rassembler et d'organiser de nouvelles armées.

Et quels bien plus grands services ne pouvait-elle pas rendre encore, si des fautes capitales n'avaient pas été commises dès le début des opérations? Si par exemple, après la bataille de Wörth, au lieu de donner l'ordre au 6e corps de se rendre du camp de Châlons à Metz par le chemin de fer de Frouard, ce qui n'a pu être exécuté en entier, on avait utilisé les voies ferrées à transporter sur Metz les énormes approvisionnements accumulés à Lunéville. L'emploi du chemin de fer pour le transport du 6e corps était inutile et même dangereux, comme les événements l'ont prouvé; en marchant directement par étapes, ce corps arrivait aussi vite et se trouvait en tout cas bien à temps et mieux préparé pour combattre le 16 à Mars-la-Tour. Si au contraire on utilisait le chemin de fer à l'évacuation des magasins de Lunéville, tous leurs approvisionnements, au lieu de tomber intacts entre les mains de l'ennemi dont ils accéléraient la marche, entraient dans Metz, dont ils augmentaient de plusieurs semaines la durée de la résistance.

Ce gain de temps empêchait le prince Frédéric-Charles d'arriver entre Paris et Orléans aussitôt après le combat de Coulmiers; et peut-être eût-il permis à l'armée de la Loire d'obtenir un second et plus grand succès qui eût débloqué Paris et relevé le courage de la nation, accablée sous le poids de si grands désastres.

Devant Paris, comme devant Metz, les Allemands n'osèrent tenter un siége régulier, doutant avec raison du succès d'un pareil mode d'attaque, même en présence d'une armée peu aguerrie. Ils se contentèrent d'un investissement rigoureux et essayèrent l'effet du bombardement, d'abord sur les forts et ensuite sur les parties de la place que leur permettaient d'atteindre les defectuosités du camp retranché, mais sans pouvoir obtenir par là la reddition d'un seul fort, sans avancer d'une heure le moment de la capitulation.

Si Paris n'avait pas été fortifié; si Paris n'avait pas eu une ceinture de forts détachés, sous la protection desquels les débris de nos armées encore existants aient pu se réunir et former le noyau d'une grande armée de défense, il n'est point douteux que la guerre ne se fût terminée à Sedan, de même que la campagne de 1866 s'est terminée à Sadowa, parce que Vienne était ouvert aux Prussiens. Pendant plus de quatre mois, cette armée de défense de Paris, bien qu'en grande partie inexercée ou même indisciplinée, a enchaîné devant elle plus de 8 corps d'armée; et comme avant la chute de Metz, les Allemands n'avaient plus aucune force disponible, elle a donné le temps à la province de réunir et constituer de nouvelles forces, sans être inquiétée par l'ennemi.

Peut-être objectera-t-on qu'il eût mieux valu pour la France traiter après Sedan et que les camps retranchés de Metz et de Paris ont prolongé inutilement, en trompant la nation, une guerre désastreuse, qui devait aboutir à un armistice, nous laissant à la merci du vainqueur.

Non, il n'eût pas mieux valu terminer la guerre après

Sedan; on ne le devait pas. Car, outre qu'il eût été plus humiliant pour la France de traiter un mois à peine après l'ouverture des hostilités et à la suite de la capitulation en rase campagne d'une de ses armées, personne ne refusera de reconnaître que pendant les deux mois que les armées allemandes presque entièrement absorbées par Metz et Paris, nous ont laissés pour le rassemblement de nouvelles forces, la guerre pouvait totalement changer de face. — Il suffisait pour cela que les opérations militaires eussent été différemment concertées et autrement conduites; il fallait surtout savoir profiter de la circonstance la plus avantageuse qui se soit jamais présentée aux Français : la concentration des armées ennemies en deux points, reliés seulement par une communication longue et difficile.

Avec les six régiments d'infanterie et la cavalerie qui restaient de l'ancienne armée, auxquels on aurait adjoint les premières troupes organisées et l'artillerie nécessaire, on pouvait constituer dès le milieu de septembre un corps important. Ce corps marchant rapidement et à l'improviste sur Dijon aurait eu pour mission d'aller couper les communications des armées allemandes dans la direction de Troyes, Verdun, c'est-à-dire à peu près à égale distance de Paris et de Metz, ou bien de débloquer Strasbourg. Malgré les précautions prises par l'ennemi (1), il est vraisemblable qu'un tel projet eût réussi, que le siége de Paris eût été levé et la guerre de nouveau transportée sur la frontière.

Au lieu de cela, on a cherché en vain pendant plusieurs mois à débloquer Paris directement; et en janvier seulement on s'est décidé à tenter un mouvement sur les Vosges et Belfort, au moment où l'ennemi avait de grandes forces dispo-

(1) Voir l'ouvrage allemand *Militarische Gedanken und Betrachtungen über den Krieg* 1870-1871. Mayence, 1871.

nibles, forces que les chemins de fer (qu'il possédait maintenant en entier dans les départements envahis), lui permettaient de concentrer rapidement en un même point; et où par suite une semblable diversion n'avait plus aucune chance de réussite.

N'imputons donc pas aux camps retranchés de Metz et de Paris les désastres de la dernière guerre ; ne leur attribuons pas des fautes commises, non à cause d'eux, mais malgré eux, et reconnaissons qu'ils ont sauvé une partie des armées françaises d'une ruine complète, et prolongé la guerre de presque cinq mois.

La campagne de 1870-71 nous offre un troisième exemple de siége entrepris devant une place ayant des forts détachés, celui de Belfort. Comme devant Strasbourg, les Allemands ont essayé là une attaque régulière nécessitée par l'insuffisance du bombardement. Belfort, à cause du peu d'importance de sa garnison, ne pouvait exercer sur la continuation de la guerre la même influence que les grandes places de Metz et de Paris, défendues par des armées entières ; mais toutefois elle a arrêté devant elle, pendant longtemps, une partie notable des forces ennemies, en lui causant les plus grandes difficultés et des pertes considérables ; et sa remarquable défense nous montre ce qu'on est en droit d'attendre de semblables forteresses habilement et énergiquement défendues. Après trois mois et demi d'investissement, trois mois de bombardement, et presque six semaines après l'ouverture de la tranchée, la résistance était loin d'être vaincue, et seule la suspension générale des hostilités la forçait à capituler.

III

QUEL GENRE DE PLACES FORTES DEVRA-T-ON ADOPTER DANS UN NOUVEAU PROJET DE DÉFENSE ET QUELS SERONT LEURS EMPLACEMENTS?

Si nous résumons ce qui précède, nous voyons :

1° Que les armées allemandes ont été obligées pour pouvoir se ravitailler et assurer leurs communications en arrière, de s'emparer successivement de toutes les petites places fortes qui empêchaient le transport de leur matériel et de leurs approvisionnements et d'investir les grands camps retranchés avec des armées entières.

2° Que de toutes les villes fortifiées n'ayant qu'une enceinte propre sans forts détachés, aucune n'a résisté au bombardement, et qu'au contraire, ce mode d'attaque s'est montré complétement insuffisant devant les forteresses purement militaires et les grandes places entourées de forts détachés.

3° Que les camps retranchés de Metz et de Paris, à eux seuls, ont prolongé la lutte de près de cinq mois, en permettant à la France de rassembler et d'organiser de nouvelles armées; et qu'ils auraient pu, si les opérations de la défense avaient été mieux dirigées, nous permettre de punir l'ennemi de sa hardiesse, tout au moins lui causer les plus sérieuses difficultés.

4° Enfin que la place de Belfort, malgré l'état incomplet dans lequel se trouvaient ses ouvrages avancés et le peu de force de sa garnison, a résisté plus de six semaines, et aurait résisté sans nul doute beaucoup plus longtemps devant une attaque régulière.

De ces observations, nous croyons pouvoir conclure que :

1° Les places fortes sont nécessaires à la défense de la France contre une invasion étrangère, soit pour occuper solidement un point stratégique important et servir de lieu de rassemblement et de réorganisation pour des armées battues, soit pour s'assurer le plus longtemps possible la possession de routes, de communications fluviales et particulièrement de voies ferrées, qui, cette campagne nous l'a clairement prouvé, sont appelées à jouer dans les guerres à venir un des rôles les plus considérables.

2° Les villes fortifiées n'ayant qu'une enceinte propre sans ouvrages avancés doivent être totalement abandonnées; et les seules forteresses admissibles aujourd'hui sont : ou bien de grandes places avec camps retranchés, ou bien de petites places isolées, purement militaires, semblables aux forts détachés des grandes places et construites comme eux de façon à résister au bombardement et obliger l'ennemi à une attaque en règle.

Donc, dans un projet nouveau de la défense du pays, on ne devra admettre exclusivement que ces deux genres de places fortes.

Ici se présente naturellement, relativement aux grandes places, une question qui est de la plus haute importance, parce qu'elle intéresse directement nos grandes villes industrielles : les camps retranchés seront-ils établis autour des centres de population ou en dehors des lieux habités (1)?

Il est incontestable que pendant les longues périodes de paix, la présence de fortifications autour d'une ville crée des servitudes nuisibles à son développement et à son commerce, et que pendant le temps de la guerre, surtout après une certaine durée de siége, lorsque les privations auront commencé

(1) Question traitée dans le *Journal militaire de Berlin*. (Voir le cahier de juillet 1871. — « *Die Festungsfrage.* »)

à se faire sentir, le commandant d'une place forte rencontrera de plus grands embarras, de plus sérieuses difficultés, s'il est au milieu d'une population industrielle, de femmes, d'enfants, que s'il n'a autour de lui que des soldats. De plus, en admettant qu'il ne se trouve dans l'intérieur du camp retranché que la garnison normale de défense et que par suite l'assaillant puisse, comme à Belfort, entreprendre un siége en règle, il est évident que la durée de résistance d'une forteresse purement militaire et d'une ville fortifiée (supposées d'ailleurs avoir les mêmes ouvrages extérieurs et le même armement) ne sera pas la même; car dans le premier cas, un ou plusieurs forts pris, l'assaillant doit encore entreprendre un nouveau siége devant la place proprement dite, réduit du camp retranché; dans le second cas, au contraire, la chute d'un seul fort entraînera le bombardement de la ville.

Mais aussi la grandeur de la population d'une place forte, sa puissance industrielle ne sont pas sans influence favorable sur sa force de résistance; en ce qu'elles produisent des travailleurs pour activer la mise en état de défense, des soldats pour augmenter la garnison, et surtout en ce qu'elles permettent de réquisitionner dans l'industrie tout ce qui est nécessaire à l'armement. Dans une forteresse purement militaire, ces réquisitions ne pouvant pas avoir lieu, il faudra que l'énorme matériel dont on aura besoin au moment d'un siége y soit conservé en dépôt pendant le temps de paix et que des ateliers y soient établis au compte de l'Etat, si l'on ne veut pas s'exposer à être surpris par une invasion aussi brusque que l'a été celle de 1870. De là, pour les grandes places, des dépenses considérables que le pays ne pourrait ou ne voudrait pas supporter. Et enfin, au point de vue de l'occupation ennemie, l'importance d'une ville n'est-elle pas à considérer? Plus elle est étendue, et plus grande aussi est son influence sur l'intérieur; et si la France a continué la guerre après Sedan, si l'on a pu rassembler rapidement des forces importantes, n'est-ce pas uniquement à cause de l'influence de Paris sur le reste du pays et de la résistance qu'elle a pu opposer aux armées envahissantes ?

Nous pouvons nous résumer en disant que dans l'intérêt civil, il convient de n'avoir que des places purement militaires, mais que ce genre de places est nuisible aux intérêts politiques comme aux intérêts financiers; et que, au point de vue militaire, s'il présente des inconvénients, il offre aussi de sérieux avantages.

D'ailleurs, les grands centres occupant généralement des nœuds principaux de communication de terre ou d'eau, et par suite le plus souvent des points stratégiques importants et propres à l'établissement de camps retranchés utiles et solides, il serait déjà difficile, pour cette seule raison, de trouver en dehors d'eux des positions plus propres à l'installation de nos grandes places fortes.

D'après cela, nous pensons que les camps retranchés doivent être établis de préférence autour des centres de population, et que ce n'est que dans des cas tout à fait exceptionnels et à cause de considérations stratégiques importantes, qu'il devra en être autrement.

Nous avons vu jusqu'à présent que deux genres de places fortes seulement étaient admissibles : grandes places avec camps retranchés et petites places sans forts détachés et purement militaires; nous avons vu aussi qu'elles étaient nécessaires. Nous allons examiner plus au long ce dernier point et en même temps étudier d'une façon générale l'emplacement qui doit leur être assigné d'après le but qu'elles auront à atteindre, si l'on veut qu'elles puissent servir le plus efficacement à la défense du pays.

Deux sortes de considérations doivent, avant tout, guider dans cette étude : considérations stratégiques et considérations tactiques.

Avec les grandes armées actuelles, les communications les plus importantes à la guerre sont les chemins de fer, et l'expérience des dernières campagnes européennes, particulièrement de celle de 70, nous apprend que des armées envahissantes ne pourront s'avancer au cœur de la France et y soutenir une guerre de quelque durée qu'autant qu'elles seront reliées par des chemins de fer avec leurs bases d'opération. A tout prix, elles devront tenir en leur complète possession au moins une voie ferrée.

Pour chasser toute espèce de doute à cet égard, il suffit de se rappeler les événements de la dernière invasion. Les places qu'il importait le plus à l'ennemi de posséder après la bataille de Sedan et l'investissement de Paris étaient : d'abord Toul, dont la prise (Vitry ayant capitulé dès le 25 août) lui ouvrait toute la ligne de Wissembourg à Paris; ensuite Strasbourg, qui lui donnait un second débouché de cette ligne en Allemagne; puis Soissons, qui lui livrait le chemin de fer de Châlons à Pontoise par Reims; Laon et la Fère, qui fermaient celui de Reims à Amiens; et enfin Schlestadt, qui interceptait la ligne Strasbourg-Belfort. C'est aussi sur ces places qu'il dirigea successivement ses attaques le plus promptement possible; et dès le 23 septembre, après la prise de Toul, il avait en sa possession toute la ligne de chemin de fer de Paris à Mayence. — Bien plus, il sentait tellement le besoin d'avoir plusieurs lignes à sa disposition, que, ne pouvant utiliser à cause de Metz celle de Sarrebrück, il n'hésitait pas à entreprendre la construction d'un chemin de fer auxiliaire de Remilly à Pont-à-Mousson; chemin de fer dont l'achèvement vers la fin de septembre lui ouvrait une seconde ligne le reliant plus directement à ses grandes forteresses du Rhin.

La possession des autres places, comme Neuf-Brisach, Marsal, Verdun et Thionville, Longwy, Montmédy et Mézières, et même Langres n'était pas nécessaire aux Allemands; sans elles, ils pouvaient continuer la guerre aussi longtemps qu'ils l'auraient voulu, se contentant de faire observer par quelques détachements leurs faibles garnisons.

Donc, nous devrons, pour défendre le pays contre une nouvelle invasion, occuper au moins un point de tous les chemins de fer qui pourront être utilisés avantageusement par les armées envahissantes. Et comme ces points à fortifier sont assez nombreux et en première ligne, nous n'y placerons exclusivement que de petites forteresses purement militaires.

Mais remarquons que ces points fortifiés ne sont pas suffisants; ils ne peuvent ni servir de refuge à une armée battue et désorganisée, ni empêcher des armées ennemies de marcher en avant; ils les empêchent seulement de séjourner, pendant bien longtemps, à l'intérieur du pays, surtout dans une même région, d'y prolonger la guerre; et par conséquent, si l'on ne veut pas qu'ils soient inutiles, il faut que l'objectif principal de l'ennemi ne puisse pas tomber immédiatement en son pouvoir.

Si, par exemple, Paris n'avait pas eu de camp retranché, les Allemands auraient pu à la suite de nos armées battues y entrer directement; et si l'occupation de la capitale n'avait pas été suffisante pour terminer la guerre, ce qui est très-douteux, ils auraient marché rapidement sur les provinces de la France les plus riches et les plus populeuses, empêché toute nouvelle organisation militaire et nous auraient obligés à faire la paix. Les armées de la Loire, du Nord et de l'Est n'ont dû leur existence qu'à la présence des camps retranchés de Metz et de Paris. — Donc, il faut nécessairement admettre en arrière des points fortifiés quelques grandes places avec camps retranchés, dans lesquelles une armée battue pourra s'abriter et se réorganiser, et dont la grandeur sera suffisante pour en faire des objectifs importants qui obligeront l'ennemi à suspendre ses opérations, ou tout au moins absorberont une fraction importante de ses troupes de campagne.

Nous sommes donc arrivés à ce résultat, que pour une bonne défense territoriale de la France, il est nécessaire d'admettre un système de places fortes comprenant de petites places purement militaires occupant les chemins de fer principaux et de grandes places avec camps retranchés; et tout nous porte à croire, en nous basant sur l'expérience acquise que ce système sera suffisant si la construction de ses détails est habilement dirigée.

Pour simplifier et éviter des confusions, nous appellerons dorénavant les petites places purement militaires *Forteresses*, et les grandes places avec forts détachés *Camps retranchés*.

IV

QUE DEVIENDRONT LES ANCIENNES VILLES FORTIFIÉES N'AYANT QU'UNE ENCEINTE PROPRE?

Nous avons prouvé que les villes fortifiées n'ayant qu'une enceinte propre, entourant une population industrielle, ne présentaient pas une force de résistance suffisante pour obliger l'ennemi à entreprendre un siége en règle et pouvoir résister quelque temps au bombardement; et nous avons par suite admis que dans les projets nouveaux, ce genre de place devrait être laissé absolument de côté. Mais la France possédant un grand nombre d'anciennes villes fortifiées, il est important de savoir si leurs fortifications devront être conservées ou détruites. Nous voulons essayer de répondre à cette question.

Remarquons d'abord que de semblables places fortes, bien que ne satisfaisant pas aux exigences imposées par le mode d'attaque actuel, peuvent cependant rendre quelques services soit en gênant les mouvements d'une armée envahissante, soit en prêtant appui à une armée défensive. Par exemple, Soissons, dans la campagne de 1814, arrêtait l'armée de Blücher, et, sans sa capitulation inattendue, Napoléon jetait l'ennemi dans l'Aisne. Dans la dernière guerre, cette même ville de Soissons, investie vers le milieu de septembre, ne capitulait que le 15 octobre; elle empêchait donc pendant tout un mois l'utilisation de la seconde ligne de chemin de fer reliant Reims à Paris. En général, on peut dire que ces places serviront à contraindre l'ennemi à amener devant elles du matériel de siége.

Or, le transport de ce lourd matériel est fort difficile; et il le sera d'autant plus que l'assaillant ne possédera en arrière aucune ligne de chemin de fer le reliant avec la base d'opérations où il doit prendre son parc de siége. Donc, des villes fortifiées placées, non en tête des chemins de fer, près de la frontière, mais dans l'intérieur, en arrière des forteresses, pourront encore servir utilement à la défense du pays.

Mais remarquons aussi que ces quelques services rendus par une ville forte seront achetés au prix de la destruction d'une grande partie de cette ville, car il est impossible d'admettre que sa résistance devra cesser dès que le matériel de siége aura été amené devant elle, que le bombardement aura commencé. De plus, si nous supposons l'ennemi obligé de battre en retraite, ce n'est qu'au prix de grands sacrifices qu'on pourra la lui enlever, car le nouvel assiégeant, placé devant une population amie, ne pourra employer le bombardement qu'avec ménagement.

Ces considérations nous engagent à admettre qu'il faudra supprimer la plus grande partie des villes fortifiées, principalement celles qui se trouvent près d'une frontière dangereuse en tête des chemins de fer, ou qui constituent des centres industriels importants, et qu'on ne devra conserver que celles dont la position très-avantageuse et le petit nombre d'habitants permettront d'espérer une résistance suffisamment prolongée.

Si nous considérons par exemple le secteur-Paris (Mézières-Belfort), correspondant à la nouvelle frontière franco-allemande, nous trouvons comme villes fortifiées : Mézières, Sedan, Montmédy, Longwy, Verdun, Toul ; puis Soissons, Laon, Vitry-le-Français. Nous voudrions voir supprimer Longwy, Verdun, Toul, places trop rapprochées de la frontière, et Sedan, Soissons, Vitry-le-Français, centres industriels importants qui demandent à s'agrandir. Nous conserverions la citadelle de Laon, qui a une position tout exceptionnelle, et dont la possession par l'ennemi pourrait nous devenir fatale, comme nous en avons eu la preuve en 1814 ; Montmédy et Mézières, la première couronnant comme Laon un rocher, la seconde placée avantageusement sur la Meuse et à un croisement de grandes lignes de chemin de fer ; toutes deux ne contenant qu'une faible population qui tendra toujours à diminuer, surtout après la dernière guerre, et à gagner les nouvelles villes : Montmédy bas et Charleville. Ces anciennes places conservées seraient d'ailleurs complétement transformées et munies de nombreux abris (1).

Nous reviendrons sur ce sujet en traitant de la défense de la nouvelle frontière ; mais avant de le quitter, nous voulons répondre à la grande objection que font les partisans de la conservation de nos anciennes villes fortifiées.

Cette objection que l'on fait constamment à la suppression de places que l'on reconnaît mauvaises et même nuisibles, c'est la dépense occasionnée par la démolition de leurs fortifications.

(1) En outre, toute la population d'une ville fortifiée (population qui, d'après ce que nous avons dit, ne sera jamais que très-faible), incapable de servir utilement à la défense, devra s'attendre, au moment d'une invasion ennemie, à être impitoyablement renvoyée.

Mais cette dépense est-elle donc si considérable qu'elle doive empêcher l'exécution d'un travail reconnu utile pour la défense du pays? 1° Ces villes fortifiées n'existant plus, les sommes allouées chaque année pour leur entretien et leur amélioration sont économisées.

2° Beaucoup d'entre elles, comme Sedan, Soissons, ne demandent qu'à briser leur ceinture de fortifications pour s'étendre et se développer. Comme Reims, dont l'ancienne enceinte et les fossés profonds et larges ont presque totalement disparu, ces villes industrielles feront assurément de grandes concessions et la suppression de leurs fortifications ne coûtera pas bien cher à l'Etat.

3° Et enfin pourquoi ne pas employer le soldat à la démolition des enceintes de ces places ou au comblement de leurs fossés, comme à la construction des nouvelles forteresses (1)? Le travail manuel s'oppose-t-il donc à l'instruction militaire; et n'est-il pas au contraire un moyen certain de chasser l'oisiveté des camps ou des casernes, et de préparer le soldat aux travaux et aux fatigues du temps de guerre? Il semble que le perfectionnement des armes nous ait conduit à considérer la force corporelle de l'homme comme moins importante qu'elle ne l'était autrefois, comme si la santé et la vigueur du corps n'étaient pas la conséquence de son endurcissement.

Qu'on nous permette à ce propos de rappeler ce que Montesquieu disait des armées de Louis XIV (2) : « Nous remarquons aujourd'hui, disait-il, que nos armées périssent

(1) Nous entendons naturellement que le soldat exécutant un travail militaire ne soit pas récompensé pécuniairement, comme cela arrivait constamment dans les derniers temps. On lui accordera un supplément de nourriture et de boisson, on lui donnera des vêtements supplémentaires, s'il est nécessaire, mais jamais, pour un travail militaire, on ne lui allouera une récompense ou une indemnité en argent.

(2) Montesquieu. — *De l'Art de la guerre chez les Romains.*

beaucoup par le travail immodéré des soldats; et cependant c'était par un travail immense que les Romains se conservaient. La raison en est, je crois, que leurs fatigues étaient continuelles; au lieu que nos soldats passent sans cesse d'un travail extrême à une extrême oisiveté, ce qui est la chose du monde la plus propre à les faire périr. »

Ces paroles du grand écrivain s'appliquent aussi bien à notre époque qu'à celle où il vivait; et c'est pourquoi nous voudrions que la nouvelle armée permanente fût rompue, comme les légions romaines, aux fatigues de toute espèce, et que toute cette force vive perdue presque en entier pendant la paix, fût employée à préparer la défense du pays; en un mot (1), « qu'indépendamment des exercices habituels, on imposât aux soldats des travaux continuels d'utilité militaire ou même civile, pour entretenir leurs forces et chasser du camp l'oisiveté, l'ennui, avec l'indiscipline, qui en est la conséquence. »

Nous n'admettons donc pas que la difficulté et la dépense occasionnées par la démolition d'une escarpe et le comblement d'un fossé puissent nous obliger à conserver les villes fortifiées devenues inutiles et même dangereuses; et nous les supprimerons sans hésitation.

(1) V. Duruy. — *L'Armée permanente dans l'empire romain* (décembre 1871, *Moniteur universel*). — « Un caractère qui distingue le soldat romain du nôtre est que le premier était propre à tout, parce qu'il avait été exercé à tout faire, même des ouvrages d'utilité civile, quand la guerre chômait. » .... « Ces travaux continuels étaient le grand moyen disciplinaire des Romains; les généraux redoutaient à tel point l'oisiveté du soldat qu'ils lui commandaient des travaux inutiles. » ..... « Ce qu'il y a de plus urgent pour la France, c'est de lui former une armée qui soit une grande école de discipline par laquelle passera toute la jeunesse du pays. Cette armée ne peut se faire que dans les camps, et la vie au camp n'est possible pour le soldat et pour l'officier qu'à la condition de mêler aux exercices d'armes les travaux manuels. C'est pourquoi l'étude de l'emploi de l'armée à des travaux d'utilité publique s'impose de nouveau comme une nécessité impérieuse. » Cette étude est toute tracée, d'après ce que nous avons dit.

V

CONSIDÉRATIONS GÉNÉRALES SUR LES FORTERESSES ET LES CAMPS RETRANCHÉS.

Comme nous l'avons dit précédemment, une forteresse au moins devra se trouver sur tout chemin de fer pouvant être employé utilement par l'ennemi, c'est-à-dire sur tout chemin de fer se dirigeant perpendiculairement à la frontière dangereuse. Quant aux camps retranchés, ils devront être peu nombreux et établis autant que possible en arrière des forteresses, aux points de concours de plusieurs chemins de fer. Les considérations tactiques et les conditions particulières auxquelles doivent satisfaire les forteresses et les camps retranchés serviront à déterminer exactement leur meilleur emplacement.

Sans vouloir entrer dans des détails de construction, nous allons examiner rapidement les considérations les plus importantes qui doivent guider dans ce dernier travail.

FORTERESSES.

Les forteresses devront être petites et exiger peu de monde pour leur défense, en moyenne 1,000 hommes. Elles devront se trouver assez près de la frontière dangereuse et en des points choisis de telle sorte que, eu égard aux différentes lignes de chemin de fer, elles produisent le meilleur effet utile avec le moindre nombre.

Elles devront satisfaire à deux conditions principales :

1° Empêcher le plus longtemps possible l'utilisation du chemin de fer existant.

2° Occuper une position telle qu'on ne puisse la tourner par un chemin de fer auxiliaire; ou tout au moins qu'on ne puisse le faire en moins de temps qu'il n'en faudrait pour prendre la forteresse.

L'étude du terrain fera généralement découvrir un point permettant de satisfaire à la deuxième condition; et pour satisfaire à la première, ce point devra de plus permettre l'installation d'une forteresse capable d'une grande force de résistance, c'est-à-dire non plongée par des hauteurs rapprochées et voyant le mieux possible le terrain qui l'entoure, dans le cercle d'action de son artillerie. En outre la force de résistance devra être cherchée ultérieurement dans la force du profil, qui, comme les casemates, ne devra montrer aucune maçonnerie; dans l'épaisseur des parapets et dans la présence d'abris assez nombreux et assez résistants pour pouvoir non-seulement mettre toujours les défenseurs à couvert, mais encore conserver des canons jusqu'à la dernière période du siége.

En un mot, le but idéal dont on devra chercher à s'approcher dans l'établissement d'une forteresse, sera d'en créer une, qu'il soit à la fois impossible et de forcer et de tourner par la construction d'un chemin de fer auxiliaire.

La forteresse de Bitche offre le type de semblables ouvrages; malheureusement on trouvera rarement des positions aussi avantageuses. En tout cas, toutes les fois qu'il sera possible d'utiliser des rochers, soit comme escarpes, soit comme abris, on ne devra pas manquer de le faire.

CAMPS RETRANCHÉS.

Les camps retranchés devront être assez vastes et présenter assez de ressources pour pouvoir servir à abriter et réorganiser une armée battue. Ils seront établis en arrière des forteresses, autant que possible aux points principaux de concentration des chemins de fer, et assez loin de la frontière pour que, en cas d'une déclaration subite de guerre et de premières défaites suivies d'une invasion immédiate, on ait tout le temps nécessaire pour les mettre en complet état de défense et rassembler leurs garnisons normales de guerre. C'est dans la zone qui s'étend entre les camps retranchés et les forteresses que seront, avant le début des opérations, rassemblées les armées; et c'est en avant de cette zone, en s'appuyant aux forteresses, que ces armées livreront les premières batailles, si l'ennemi, ayant gagné du temps dans la mobilisation de ses forces de campagne, a l'avantage de l'attaque. En cas d'insuccès, on se repliera en arrière, offrant de nouveau le combat en avant des camps retranchés ou bien entre eux; mais on ne devra se résoudre à s'y enfermer qu'à la dernière extrémité, si l'armée épuisée et désorganisée n'est plus apte à continuer la lutte.

Il résulte de là qu'un camp retranché devra non-seulement être vaste et offrir des moyens de vie et de réorganisation pour une armée entière, mais encore que ses ouvrages devront être installés de telle façon qu'une garnison relativement faible soit suffisante pour sa défense. Pour satisfaire à cette dernière condition, il faudra que le noyau du camp retranché chargé de l'alimenter ait une enceinte à l'abri d'une surprise, et que les forts détachés se soutiennent l'un l'autre. Cette enceinte de la place proprement dite aura de plus l'avantage d'empêcher toute communication avec la place des troupes réfugiées dans le camp retranché. Les forts seront placés à une distance de l'enceinte telle que la place soit complétement à l'abri d'un bombardement; cette distance pourra d'ailleurs varier beaucoup avec les différents forts, suivant l'éloignement des points dangereux et les considérations tactiques.

Pour l'établissement d'un fort en particulier, on agira comme pour l'établissement d'une forteresse; les difficultés d'exécution seront même moins grandes dans le cas d'un fort, car on n'aura alors à se protéger que contre des coups de face et des coups de côté. On devra profiter de cette circonstance, toutes les fois du moins que la forme du terrain et la position des ouvrages en arrière le permettront, pour donner à la gorge du fort un profil, une résistance suffisante à le protéger contre toute surprise, mais tel que l'ennemi, maître du fort, ne puisse pas y tenir sous le feu des batteries en arrière. Nous sommes par suite conduits, dans le but de faciliter la défense des forts et d'empêcher l'installation de l'assaillant dans leur intérieur, à établir, autant que nous le pourrons, en des points convenables de l'enceinte, ou même un peu en avant ou un peu en arrière s'il est nécessaire, de fortes batteries, dont chacune devra voir la partie de zone de terrain occupée par les forts qui se trouvent devant elle. Ces batteries seront armées de pièces de gros calibre. C'est seulement après leur installation, et en se guidant sur elles qu'on tracera l'enceinte en l'adaptant le mieux possible au terrain.

Il ne sera pas nécessaire de donner à cette enceinte une grande force; pour son tracé, il suffira de simples lignes qui seront préservées contre les feux d'enfilade, et, dans la construction de son profil général, on ne cherchera qu'à empêcher toute surprise. En effet, nous n'admettons pas qu'une fois l'assaillant maître d'un ou de plusieurs forts et parvenu à s'y installer et à commencer le bombardement, le défenseur puisse l'obliger à entreprendre un nouveau siége régulier. Ce n'est que dans le cas où le noyau du camp retranché sera une place purement militaire que l'enceinte de cette place devra pouvoir soutenir un siége en règle, car dans ce cas seulement le bombardement devra être considéré comme inefficace. Ce serait évidemment là le meilleur type du camp retranché, en supposant toutefois que le réduit central renfermât des établissements militaires et des approvisionnements de toute nature suffisants pour faire vivre et entretenir une armée, et bien protégés contre le bombardement; mais nous avons reconnu aussi qu'il présente à plusieurs points de vue, et principalement à cause des énormes dépenses qu'il occasionnerait, des inconvénients tels, qu'il devra généralement être rejeté.

Il semble, au premier abord, qu'il y aurait un moyen de concilier, au moins en partie, l'intérêt militaire et l'intérêt financier; ce serait de placer le camp retranché avec forteresse comme réduit de telle façon que la ville soit en dehors, mais assez près pour que l'assiégeant ne puisse pas l'occuper et que l'assiégé au contraire puisse l'utiliser pendant une grande partie de la durée du siége. Mais remarquons qu'en agissant ainsi, l'intérêt militaire serait assez mal sauvegardé et qu'en outre l'intérêt civil serait complétement lésé; car le temps n'est plus où l'on neutralisait la ville pour n'attaquer que la citadelle, et une ville placée dans une telle position serait vouée à une destruction certaine.

Dans la construction des forts d'un camp retranché, comme dans celle des forteresses, on devra commencer à déterminer l'emplacement de l'artillerie, de manière à lui donner le plus de développement et le plus de puissance possible; et ce n'est qu'après que l'on tracera l'enceinte de l'ouvrage conformément aux principes de la fortification et en l'adaptant au terrain. De là il résulte que généralement les forts seront allongés dans le sens de la circonférence du camp retranché, et n'auront que peu de profondeur.

Une condition importante à laquelle devra satisfaire encore tout camp retranché sera, non-seulement de permettre à la défense de porter facilement son action à l'extérieur, mais encore de lui offrir des champs de bataille avantageux, de lui faciliter l'offensive. A ce point de vue, le camp retranché de Paris, tel que l'ont trouvé les Allemands, était très-défectueux; qu'on nous permette de l'examiner rapidement.

L'ennemi, maître des hauteurs de Sceaux, Chatillon et Meudon, commandait toute sortie tentée entre Issy et la Bièvre, et même entre la Bièvre et Ivry, car des troupes s'avançant sur ce dernier espace sont aussitôt menacées de flanc par les hauteurs de Sceaux. A l'ouest, l'occupation par les troupes d'investissement de toute la crête des hauteurs depuis le vallon de Sèvres jusqu'à Bougival rendait également fort difficile tout mouvement offensif tenté sous la protection du Mont-Valérien; et c'est pourquoi la bataille de Buzenval-Garches nous a été si funeste. Au nord, le grand coude de la Seine jusqu'à Saint-Denis et les hauteurs qui dominent cette ville et la rive droite du Rouillon empêchaient presque complétement de sortir par ce côté. Au sud-est, entre la Seine et la Marne, le terrain est moins désavantageux pour la défense; mais encore là, l'investissement avait d'excellentes positions dans les crêtes de la rive gauche de la Marne et de gros villages, comme Villiers, appuyés à des bois; de plus, l'espace manquait partout pour le développement de grandes masses de troupes sortant de Paris; et c'est là la principale cause des grandes pertes que nous éprouvâmes pendant les journées du 30 novembre et du 2 décembre.

Ce n'est qu'au nord-est, entre le Rouillon et les hauteurs de Romainville et la forêt de Bondy, que le terrain est réellement avantageux pour une grande sortie. Là s'étend une grande plaine qui va en s'élargissant à partir du canal de Saint-Denis et n'est coupée que par des obstacles de peu d'importance; c'est là seulement que l'on trouve autour de Paris un champ de bataille vraiment favorable à la défense. Aussi, après la prise du Bourget le 28 octobre, les Allemands, sentant l'impérieuse nécessité de posséder ce point important, l'attaquèrent-ils dès le 30 avec acharnement. Malgré une bravoure héroïque, les troupes chargées de la défense du Bourget, n'étant soutenues par aucune réserve, durent, écrasées par le nombre, céder le village; et la seule sortie qui pouvait avoir des chances de réussite était abandonnée pour toujours (1).

Ces observations sur les défauts du camp retranché de Paris nous montrent qu'une condition importante étant de favoriser les opérations offensives des troupes investies, le choix des positions à donner aux ouvrages d'un camp retranché sera d'autant meilleur que les difficultés de l'investissement seront rendues plus grandes, et qu'il se trouvera en avant de ces ouvrages un plus grand nombre de champs de bataille avantageux à la défense. De là il résulte naturellement qu'un pays de plaine sera plus commode et généralement plus favorable qu'un pays accidenté pour l'établissement d'un camp retranché.

Enfin, pour qu'un camp retranché puisse atteindre complétement son but, il est bon que tout en permettant à l'assiégé d'attaquer brusquement avec de grandes forces sur un point déterminé, il empèche en même temps l'assiégeant de s'opposer à cette attaque avec des forces égales ou supérieures qu'il pourrait amener rapidement des positions voisines des lignes d'investissement. Il faut pour cela que ces lignes d'investissement soient coupées par des obstacles difficiles à franchir, isolant les différents champs de bataille; ce qui conduit à établir les camps retranchés sur de grands cours d'eau et de préférence à un confluent.

Quant à la grandeur des ouvrages d'un camp retranché, elle variera avec la forme du terrain et l'étendue de ses batteries qui, comme nous l'avons dit, seront le point de départ de toute construction; en tous cas ils devront pouvoir être défendus par une garnison relativement faible. Ce qu'il faut

(1) Voir les observations intéressantes faites sur la défense de Paris dans l'ouvrage « Militàriche Geedanken... » Chap. XIII « die Belagerüng von Paris. »

pour ces ouvrages c'est qu'ils aient une grande puissance d'artillerie et qu'ils obligent l'ennemi à entreprendre un siége en règle (1). Entre les forts on établira des postes d'observation et l'on préparera des positions couvertes pour des batteries volantes (2).

En résumé, on voit que les conditions auxquelles doivent satisfaire les camps retranchés sont extrêmement variées et que l'établissement de leurs ouvrages présentera le plus souvent des difficultés d'autant plus grandes que l'emplacement du camp retranché lui-même sera commandé d'avance par des considérations stratégiques.

VI

ESSAI DE DÉFENSE DE LA NOUVELLE FRONTIÈRE FRANCO-ALLEMANDE.

Nous allons essayer maintenant, en nous basant sur toutes les considérations qui précèdent, d'établir un projet général de système défensif en vue d'une nouvelle invasion allemande; nous ne considérerons donc que la frontière nord-est depuis Mézières jusqu'à Belfort.

Le traité de 1871, en nous arrachant presque trois départements avec les places fortes de Metz et de Strasbourg, a placé entre la France et la Prusse une nouvelle frontière beaucoup plus dangereuse que l'ancienne.

Le Rhin, qui nous séparait de l'Allemagne du sud par une barrière solide, presque infranchissable, est remplacé depuis

(1) La défense des forts des Perches devant Belfort nous prouve que pour obliger l'assaillant à entreprendre un siége en règle, il n'est pas nécessaire de lui opposer des forts d'une grande étendue.

(2) Ces batteries volantes auront l'avantage de battre les parties de terrain échappant aux vues des forts, et de ne pouvoir être démontées par le feu de l'assiégeant, qui ne pourra régler son tir.

le Ballon d'Alsace jusqu'au Donon par la partie de la chaîne des Vosges qui, bien que la plus élevée et la plus difficile, présente cependant de nombreux passages praticables à une armée ; traversée par plusieurs bonnes routes venant de Strasbourg, Schlestadt, Colmar, Mulhouse, elle permet à l'ennemi maître des défilés de déboucher en Lorraine et de flanquer les opérations dirigées sur Nancy, Lunéville et Épinal par la frontière nord, qui, elle, est complétement ouverte depuis le Donon jusqu'au duché de Luxembourg. Au sud, la trouée entre les Vosges et le Jura est fermée par Belfort ; et la possession du canton de Giromagny nous a laissés maîtres de la route qui conduit de là au Ballon d'Alsace et descend en Lorraine ; c'est actuellement le seul point fort de la nouvelle frontière.

A cette frontière aboutissent différentes lignes de chemins de fer complétement ouvertes ou fermées seulement par de mauvaises places fortes ; nous allons successivement les passer en revue.

On comprend que nous ne puissions indiquer pour les forteresses que des positions approximatives, une étude approfondie du terrain permettant seule de déterminer l'emplacement exact qui, tout en leur donnant la plus grande force de résistance, rendra en même temps impossible la construction d'un chemin de fer auxiliaire.

La première voie ferrée, en commençant par le Nord, est celle de Mézières à Thionville, qui doit être prolongée sur Trèves, en suivant la vallée de la Moselle et évitant le Luxembourg. Sur cette ligne se trouvent les villes fortifiées de Montmédy, Sedan et Mézières; comme nous l'avons dit précédemment, Sedan devra être abandonné; pour Montmédy et Mézières, leur population étant faible et tendant toujours à se transporter dans Montmédy bas et Charleville, il sera possible de les conserver en les transformant convenablement, surtout en leur donnant de nombreux abris (1). En outre, une forteresse nouvelle construite entre Montmédy et Longuyon, à l'endroit permettant le mieux de satisfaire aux conditions énumérées dans le chapitre V, nous semble nécessaire pour fermer complétement cette ligne de chemin de fer qui, reliant directement le nord de la France avec Trèves et Metz, pourra devenir une ligne principale d'invasion. Cette forteresse fermera en même temps la ligne d'Arlon à Mézières passant par Longwy, place qui, comme Sedan, sera abandonnée.

La seconde ligne de chemin de fer est celle de Reims à Metz par Verdun, qui n'est pas encore terminée entre Verdun et Metz, mais qui le sera assurément. Verdun est la seule place qui intercepte cette ligne ; elle ne peut être conservée et doit être remplacée par une forteresse établie en arrière de la Meuse, entre Verdun et Clermont en Argonne.

La troisième ligne est celle de Châlons-sur-Marne à Metz et à Strasbourg par Frouard ; elle est fermée actuellement par les places de Toul et Vitry-le-Français, qui seront supprimées et remplacées par une forteresse établie, soit entre Toul et Pagny-sur-Meuse, soit dans l'angle que fait cette ligne avec celle de Toul à Chaumont, qu'elle servira en même temps à intercepter.

La grande ligne Paris-Strasbourg se bifurque à Blainville-sur-Meurthe, d'où part le chemin de fer conduisant à Epinal et Dijon. Une forteresse établie vers Blainville entre la Moselle et la Meurthe est nécessaire pour fermer cet embranchement important qui aujourd'hui est complétement libre ; elle commandera en même temps la ligne Metz-Lunéville.

(1) Si la transformation de Mézières présentait trop de difficultés, cette place serait supprimée et remplacée par une forteresse nouvelle, commandant les deux lignes de chemin de fer, ou bien établie entre Mézières et Rethel.

Enfin le chemin de fer Strasbourg-Besançon sera fermé par le camp retranché de Belfort.

Comment défendrons-nous le versant occidental des Vosges? Là plus que partout ailleurs il est nécessaire de connaître bien exactement le terrain ; nous allons néanmoins essayer de montrer d'une façon générale comment peut être entendue la défense de cette partie de la frontière.

Les Vosges méridionales, du Donon au Ballon-d'Alsace, présentent plusieurs passages dont les plus importants sont ceux de Saales, de Sainte-Marie-aux-Mines, du Bonhomme, et de Saint-Maurice ; les deux premiers mettent en communication Schlestadt avec Lunéville ; les deux derniers, Colmar et Mulhouse, avec Épinal. Les chemins de fer qui correspondent au deuxième et au quatrième passage et s'arrêtent actuellement en Lorraine, à Saint-Dié et à Remirement ; en Alsace, à Sainte-Marie-aux-Mines et à Weserling, doivent être complétés à leur traversée des montagnes. Ces deux passages principaux seront occupés, à leurs débouchés en Lorraine, par deux solides forteresses qui nous en assureront la possession et commanderont les chemins de fer : l'une sera construite au-dessus de Saint-Dié; l'autre vers Saint-Maurice, couvrant la route de Belfort à Épinal par le Ballon-d'Alsace. — En arrière, vers Épinal, on établira une troisième forteresse, servant de seconde fermeture à la ligne importante de Dijon et qui, concurremment avec les deux premières et le camp retranché de Belfort, servira de point d'appui aux troupes chargées de la défense des Vosges.

Comme camps retranchés, nous conserverons ceux de Paris et de Belfort, qui devront être modifiés et agrandis, de façon à pouvoir satisfaire aux exigences indiquées précédemment, et nous en établirons deux nouveaux, à Châlons-sur-Marne et à Chaumont. Placé entre le chemin de fer de Paris à Strasbourg et celui de Reims à Metz, c'est-à-dire entre les deux lignes directes d'invasion, au milieu d'un terrain peu accidenté et traversé par une rivière importante, Châlons offre une position éminemment stratégique et favorable à l'établissement de solides ouvrages (1).

Chaumont, placé également sur la Marne et couvrant les deux chemins de fer conduisant de l'Est à Paris par les vallées de l'Aube et de l'Yonne, est une position stratégique beaucoup plus importante que celle de Langres, qui ne commande qu'un chemin de fer presque inutile et des routes faciles à tourner. C'est pourquoi nous proposons d'établir un camp retranché autour de Chaumont, tout en conservant d'ailleurs les ouvrages de Langres, auxquels il serait relié par un ou deux nouveaux ouvrages construits le long de la Marne; nous créerons ainsi une base solide (Chaumont-Langres), qu'il sera difficile de tourner et presque impossible d'investir.

Les camps retranchés de Châlons-sur-Marne et Chaumont devront être très-spacieux, capables de contenir 150 à 200,000 hommes; leurs régions, Châlons-Reims et Chaumont-Langres, seront les deux grandes bases d'opération des armées chargées de défendre la Lorraine; et ce seront leurs points d'appui si de premiers revers et la supériorité du nombre obligent ces armées à battre en retraite en arrière des forteresses sur la ligne de la Marne.

Quant au camp retranché de Belfort, il devra pouvoir contenir environ 80,000 hommes; appuyé solidement d'une part au Jura, d'autre part aux Vosges, il fermera complétement la trouée, appuiera la défense du versant occidental des Vosges, et

(1) De même que le camp retranché de Chaumont s'étendra jusqu'à Langres, de même celui de Châlons-sur-Marne s'étendra jusqu'au-delà de Saint-Hilaire, dans le camp même, pour intercepter complètement la ligne de Verdun-Reims; il suffira pour cela de quelques ouvrages faciles à construire et peu coûteux.

empêchera l'ennemi de menacer Dijon et Besançon par Mulhouse et Altkirck (1).

Remarquons que l'emplacement de ces trois camps retranchés permettra à une armée défensive de prendre rapidement une nouvelle base d'opérations, dans le cas où elle aura été coupée de sa première base par les mouvements offensifs de l'ennemi.

En résumé, nous voyons que par les dispositions précédentes, la France est protégée contre une invasion allemande par sept forteresses nouvelles, réparties sur la Moselle supérieure et sur la Meuse, défendant le versant occidental des Vosges et fermant toutes les lignes de chemin de fer aboutissant à la frontière dangereuse, et par quatre camps retranchés dont deux déjà existants.

Les emplacements approximatifs des forteresses sont : 1° entre Montmédy et Longuyon ; 2° entre Verdun et Clermont en Argonne ; 3° vers Pagny-sur-Meuse ; 4° vers Blainville sur Meurthe ; 5° au-dessus de Saint-Dié ; 6° vers Saint-Maurice en Vosges ; 7° vers Épinal.

Les camps retranchés de Paris et Belfort sont conservés, et deux nouveaux sont établis à Châlons-sur-Marne et Chaumont, le premier formant une pointe jusqu'au camp de Châlons à Saint-Hilaire, le second jusqu'à Langres, dont les ouvrages existants sont conservés.

Des anciennes villes fortifiées comprises dans le secteur Paris (Mézières, Belfort, Sedan, Longwy, Verdun, Toul, Vitry-le-Français et Soissons), sont supprimées ; la citadelle de Laon, Montmédy et peut-être Mézières conservés.

La grandeur et la disposition des ouvrages des nouvelles

(1) D'après des journaux allemands, le ministre de la guerre à Berlin aurait décidé récemment la construction d'ouvrages importants à Altkirck, en face de Belfort.

places fortes, déterminées comme nous l'avons indiqué, serviront à régler la force exacte de leurs garnisons normales de défense et de leur armement. En tout cas, ces garnisons devront être indépendantes des armées actives de campagne (1) ; on prendra, pour les constituer, les derniers contingents de l'armée de réserve, fournis par la Lorraine et la Champagne, ce qui aura le double avantage de ne point laisser l'ennemi, envahissant brusquement, empêcher les levées de ces réserves et de donner des hommes connaissant bien le pays et déterminés à le défendre.

Admettons que battus sur la ligne de la Moselle, puis sur celle de la Meuse, nous soyons obligés d'abandonner la Lorraine et de nous replier sur la Marne. L'ennemi dont l'objectif principal sera toujours Paris, à cause de l'immense influence que cette capitale ne cessera d'exercer sur le pays tout entier ; l'ennemi ne pourra continuer sa marche au-delà des camps retranchés de Châlons et de Chaumont ; car il est impossible d'admettre qu'il puisse passer dans les intervalles, Mézières-Châlons, ou Châlons-Chaumont, ou Langres-Belfort, dont la longueur est de moins de vingt-cinq lieues, pour s'avancer sur le nord ou sur le midi de la France, en laissant sur ses derrières et sur ses flancs les forces réunies dans ces camps retranchés.

Or, supposons que les deux grandes places de Châlons et Chaumont avec les forteresses qui les précèdent, exigent

(1) Cela est très-important, car il ne faut pas qu'un corps d'armée battant en retraite laisse une partie de ses forces pour servir de garnison à une place forte, comme cela est arrivé plusieurs fois dans la dernière campagne. Les camps retranchés doivent pouvoir abriter une armée, mais non lui emprunter leur garnison normale de défense, puisque cette armée devra, le plus possible, opérer autour d'eux, en s'y appuyant seulement, et ne devra pas s'affaiblir en leur donnant des troupes pour les garder. Quant à l'armement, les forteresses et Belfort devront avoir en temps de paix leur complet armement.

pour leur défense 50,000 hommes de garnison normale, et que les armées de campagne, battues en avant de la Marne, n'aient pu verser dans chacun des deux camps retranchés que 100,000 hommes, l'ennemi aura alors à investir 250,000 hommes; et pour cela on peut estimer, sans aucune exagération, qu'il devra, si ces camps retranchés ont été convenablement établis, employer au moins des forces doubles; donc, sans tenir compte de Belfort, les armées envahissantes devront, avant de continuer leurs mouvements offensifs, laisser sur la ligne de la Marne ou en arrière plus de 500,000 hommes. Et par suite on peut admettre que l'ennemi ne pourra porter la guerre sur Paris ou au centre de la France, que si au moins l'une des deux grandes places de Châlons ou Chaumont est tombée en son pouvoir.

Concentré en ces deux points, il n'aura aucun chemin de fer pour le mettre en communication avec ses centres d'approvisionnements, avant qu'une des forteresses au moins n'ait été prise ; et comme on peut compter largement sur une résistance d'un mois de la part de ces forteresses, il résulte que pendant plus d'un mois l'ennemi devra vivre sur une même contrée, ce qu'on pourra et devra lui rendre complétement impossible.

Ainsi, même en supposant une disproportion de forces aussi considérable que celle du début de la guerre 1870-71, on voit qu'un pareil système de défense obligera les armées allemandes à s'arrêter en Champagne, et que l'investissement des deux grands camps retranchés de Châlons et de Chaumont leur offrira les plus sérieuses difficultés. Il est donc permis d'espérer que l'action des forteresses et des camps retranchés, combinée avec celle d'armées défensives nombreuses et solides, nous mettra à l'abri de toute nouvelle tentative de la Prusse.

Il est bon de remarquer aussi que ce projet, tout en sauvegardant le plus les intérêts civils, est en même temps avantageux au point de vue économique ; en effet, des camps retranchés, deux déjà existants doivent seulement être agrandis et améliorés ; et les nouvelles forteresses se trouvant en dehors des lieux habités et ne devant pas couvrir une grande surface, l'achat des terrains nécessaires à leur construction ne sera pas très-coûteux. Quant à la démolition des enceintes de Sedan, Vitry-le-Français, Verdun, Soissons et Toul, la dépense qu'elles occasionneront sera couverte en grande partie par la vente des terrains abandonnés à l'industrie.

D'ailleurs, comme nous l'avons dit longuement au chapitre IV, c'est l'armée permanente de la France qui devra effectuer la majeure partie de ces travaux de défense, au moins en ce qui concerne les terrassements et les démolitions.

Assurément, ce seront toujours là de grandes dépenses à la charge du budget de la guerre; mais n'oublions pas que l'existence de notre pays en dépend ; ne la compromettons pas par des économies mal appliquées ou par des hésitations funestes.

La Prusse, en nous enlevant Metz et Strasbourg, a voulu, non-seulement se couvrir contre nous, mais surtout s'ouvrir les portes de la France ; il est de notre devoir de les lui fermer de nouveau par des barrières solides, et d'opposer à son armée nationale une armée nationale aussi nombreuse et aussi disciplinée.

L'auteur des *Considérations militaires sur la guerre de 1870-71* termine son ouvrage en engageant l'Allemagne à ne pas se reposer confiante sur ses lauriers. « Il n'est personne en France, dit-il, qui ne haïsse de toute l'ardeur de son âme tout ce qui est allemand, et cette haine sera d'autant plus dangereuse, qu'elle n'aura plus pour elle le sentiment d'une supériorité orgueilleuse... La France utilisera le repos avec une fiévreuse activité... et très-peu de temps s'écoulera avant que le peuple français n'exige de son gouvernement, non d'être républicain, ou royaliste, ou impérialiste, mais de vouloir reprendre la lutte et d'offrir les plus sûres garanties, pour obtenir une nouvelle et heureuse conclusion de la guerre de 1870-71. »

Il est à souhaiter que nos voisins ne se trompent pas dans leurs prévisions, que tout au moins nous sachions conserver notre haine et utiliser la période de paix en travaillant activement à la défense du pays ; leur conduite dans la dernière guerre nous a suffisamment donné le droit de les haïr et de nous défier. Car, ce que nous Français, nous pouvons constater avec certitude, c'est la jalousie et la haine hypocrite de la Prusse contre la France, et nous aurons raison de craindre que peu de temps ne s'écoule avant que le nouvel empereur, non content d'avoir ajouté à son empire deux de nos plus belles provinces, et désireux d'augmenter encore sa gloire de conquérant, ne demande de nouveau à l'Allemagne de se ruer contre cette France que, même vaincue, elle haïra et craindra toujours.

Hâtons-nous donc de réparer nos forces dans une commune union et rappelons-nous que si la Prusse est devenue si puissante, c'est qu'elle a su, après plus d'un demi-siècle, conserver aussi vivace sa haine pour les vainqueurs d'Iéna; excitée par son désir de vengeance, que nos malheurs de 1814 et 1815 n'avaient pas suffi à apaiser, elle a travaillé sans relâche et s'est imposé les plus durs sacrifices. Ses succès, elle les doit à sa persévérance ; comme nous, nous devons nos défaites à notre légèreté.

Sachons donc, nous aussi, ne jamais oublier le passé et ne pas craindre les grands sacrifices pour l'avenir ; c'est à ce prix seulement que nous pourrons ne pas rester à la merci de l'ambition et de la jalousie haineuse des vainqueurs de 1870.

TABLE DES MATIÈRES

Evreux, A. Hérissey, imp. - 873.

www.ingramcontent.com/pod-product-compliance
Lightning Source LLC
LaVergne TN
LVHW020628110826
845149LV00004B/1097
* 9 7 8 2 0 1 9 1 9 0 0 2 6 *